Contraste insuffisant des couvertures
supérieure et inférieure

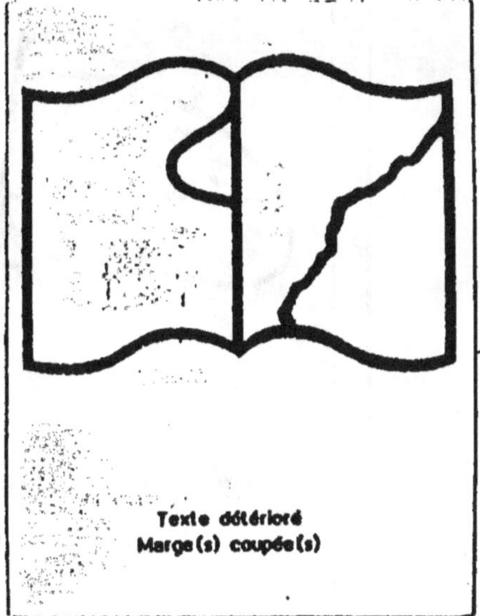

Texte détérioré
Marge(s) coupée(s)

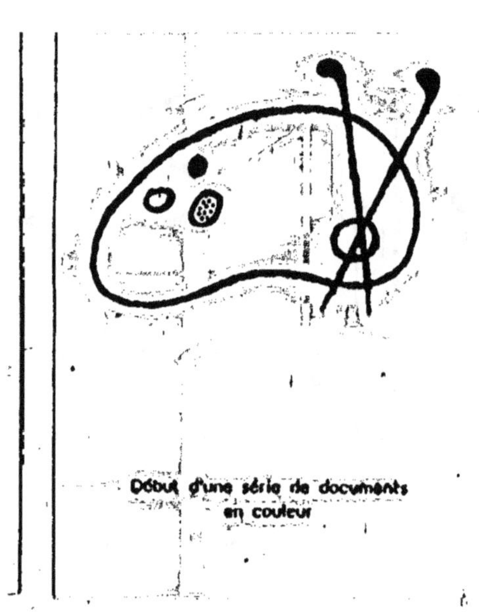

BIBLIOTHÈQUE PACIFISTE INTERNATIONALE

SECONDE SÉRIE : N° 4

La Guerre

Par ERNEST FONTANÈS

PRÉFACE DE FRÉDÉRIC PASSY
de l'Institut

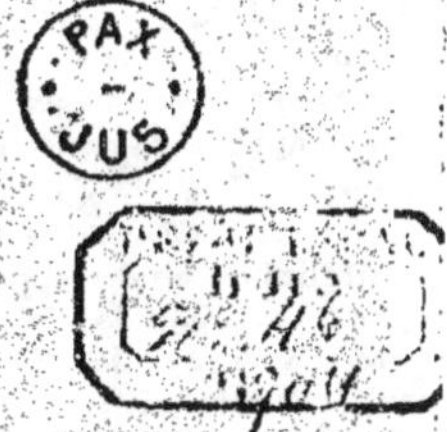

V. GIARD & E. BRIÈRE
LIBRAIRES-ÉDITEURS
16, Rue Soufflot, P.

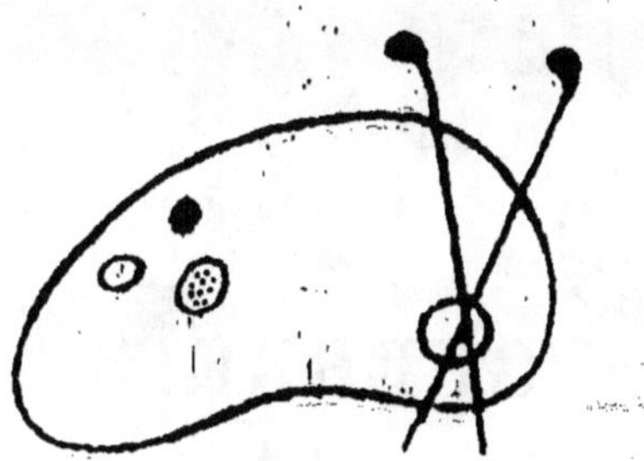

Fin d'une série de documents
en couleur

LA GUERRE

LA GUERRE

PAR

Ernest FONTANÈS

PRÉFACE

Par **FRÉDÉRIC PASSY**, de l'Institut

V. GIARD ET E. BRIÈRE

LIBRAIRES-ÉDITEURS

16, RUE SOUFFLOT, ET 12, RUE TOULLIER

1904

PRÉFACE

On a souvent reproché aux ministres des différentes
religions d'être restés, en France au moins, depuis qu'il
y existe des sociétés de la paix, trop indifférents aux
efforts de ces sociétés. L'un d'eux, président d'une société
chrétienne des Amis de la Paix, M. le pasteur Allégret,
se faisait, il y a quelques mois encore, l'écho de ces
plaintes; et nous-même, en plus d'une occasion, nous
avons cru devoir nous y associer. Il ne faudrait pas
cependant (et nous le faisions observer à M. Allégret)
exagérer le reproche et laisser croire qu'aucunes voix
généreuses ne soient jamais venues rompre le silence géné-
ral. J'ai rappelé le noble exemple donné, dès le début de
nos appels, par le père Gratry, tenant à être, disait-il,
« le premier grenadier de l'armée de la paix » ; par le
père Charles Perraud, son élève favori, prêchant, dans
l'église Saint-Roch, l'Evangile de la paix ; plus tard,
par le père Hyacinthe, prononçant, à la seconde assem-

blée générale de la Ligue de la Paix, en *1869*, l'admirable discours qui lui valut tant d'injures de la part des pharisiens hypocrites de l'époque, et qui précipita peut-être, grâce à leurs odieuses machinations, une détermination devant laquelle il hésitait encore.

J'aurais dû nommer avant les autres, et plus que tous autres, le pasteur Martin-Paschoud, qui, sans s'être concerté avec moi (je ne le connaissais pas) avait écrit, le même jour que moi, ainsi que M. Gustave d'Eichthal, au journal Le Temps, pour provoquer la manifestation, en apparence désespérée, qui empêcha la guerre en *1867*. Lui aussi, l'excellent homme, avait des disciples, qui, obéissant à la même pensée, ne craignirent pas d'élever la voix : l'un, Athanase Coquerel, dont une éloquente conférence, au théâtre du Château-d'Eau, souleva un soir l'enthousiasme de milliers d'auditeurs ; l'autre, Fontanès, qui, justement populaire au Havre, ne cessa, depuis le premier jour, de seconder de sa chaude et lumineuse parole la propagande contre la guerre, et qui hélas ! après avoir prodigué ses efforts pour écarter le fléau, se vit réduit, comme nous tous, à lutter corps à corps avec lui.

C'est un de ses discours, celui par lequel, le *26 juillet 1870*, huit jours après la déclaration de guerre, il faisait noblement acte tout à la fois de citoyen, de patriote et de chrétien, qu'après trente-quatre années il a paru bon de réimprimer dans la Bibliothèque Pacifiste Internationale.

Ce qu'on trouvera dans ce discours nous n'essaierons pas de le dire par avance en hasardant une analyse affaiblie de cet admirable appel au courage que rien ne doit abattre, et à l'espérance que rien ne doit étouffer. Il faut lire dans le texte même ce vigoureux anathème à la guerre, cette peinture de la folie de l'homme qui, plus cruel que la nature, porte à plaisir une main impie sur sa mère nourricière ; cette réfutation impitoyable des sophismes par lesquels on prétend non seulement excuser, mais réhabiliter et glorifier le monstre ; et cette protestation indignée contre l'abominable théorie au nom de laquelle, transformant en Dieu des armées meurtrières le Dieu pacifique des armées célestes, on a osé le rendre complice des crimes par lesquels on l'outrage. « Vous dites que la guerre est divine? » s'écriait, en reprenant la plume, à 90 ans, un curé vraiment digne du titre de ministre de l'Evangile, l'abbé Garaude. « Je vous déclare, moi, qu'elle est satanique! J'ai pitié de vous, pauvres enfants que l'on envoie à la mort, et de vous aussi, pères et mères, qui avez la faiblesse de vous les laisser enlever pour la boucherie. »

Fontanès, je le crois, ne connaissait pas l'abbé Garaude et ses réflexions philosophiques et théologiques sur la guerre ; mais il avait la même âme et la même horreur pour le mal, en même temps que la même aspiration pour le bien et le même sentiment du devoir de combattre l'un et de travailler pour l'autre. « Ce qui

est », disait-il en terminant, « ce n'est pas ce qui doit
être ; c'est ce qui doit disparaître. La force ne primera
pas toujours le droit ».

On a eu raison de tirer de l'oubli ces pages restées
vivantes après un tiers de siècle. Et il était bon, puisque
contre un mal qui nous menace tous, nous devrions tous
nous unir dans une commune défense, qu'à côté des
paroles qui se prononcent dans les congrès, dans les
réunions publiques, dans les Universités populaires,
dans les loges maçonniques, on entendît aussi quelques-
unes de celles qui sont prononcées dans d'autres
enceintes, au nom de notre Père commun et de notre
universelle fraternité.

　　　　　　　　　　　FRÉDÉRIC PASSY.

LA GUERRE

Il arrivera à la fin des temps que la montagne de la maison de Jéhovah aura pour base le sommet des montagnes, qu'elle sera plus élevée que les hauteurs et que tous les peuples y afflueront. Des peuples nombreux accourront et diront : « Venez ! montons à la montagne de Jéhovah, à la maison du Dieu de Jacob ; il nous enseignera ses voies et nous marcherons dans ses sentiers ; car de Sion sortira la loi, et de Jérusalem la parole de Jéhovah. — Il sera le juge des nations, l'arbitre de peuples nombreux. De leurs épées ils forgeront des socs de charrue, et de leurs lances des faucilles. Une nation ne tirera plus l'épée contre une autre nation, et l'on n'apprendra plus la guerre. Maison de Jacob, levons-nous et marchons à la lumière de Jéhovah ! [1]. »

Isaïe II, 2, 5.

Le sujet de l'entretien de ce jour, je n'ai pas eu à le choisir, il m'est imposé ; la voix sévère des événements me l'a désigné. Toutes les pensées sont concentrées sur un même objet, il serait vain de vouloir les en détacher. D'ailleurs la religion ne doit pas rester étrangère à ces préoccupations. La religion dont on sort comme d'un lieu, peut être une brillante mise en scène, un spectacle à réjouir les dieux et les hommes ; mais elle n'est pas la religion que Jésus a pratiquée et qu'il a enseignée,

1. Traduction nouvelle par une réunion de pasteurs des deux Eglises protestantes nationales de France.

1.

Les images qu'il emploie pour la dépeindre, *feu,
ferment, germe, sel, lumière,* toutes expriment,
traduisent cette pensée que la religion doit péné-
trer le cœur et la vie de l'homme, qu'elle doit
inspirer, régler, purifier, diriger tous nos sentiments, tous nos actes.

Un événement immense, comme la guerre qui
vient d'être déclarée, ne peut se produire sans
qu'il soit utile, nécessaire de le considérer devant
Dieu, de le mettre en regard des principes et des
sentiments que la religion chrétienne développe
dans les âmes.

S'il est vrai que nous devons veiller sur nous-
mêmes, et ne pas nous abandonner sans résis-
tance à tous les emportements de nos instincts et
de nos passions, nous ne pouvons pas laisser
entrer dans notre âme toutes les semences que ce
vent d'orage y apporte, sans les soumettre au con-
trôle de la conscience chrétienne. C'est à cet exa-
men que nous convions tous ceux qui ont quelque souci du gouvernement d'eux-mêmes, et qui
font état de ne pas appartenir, comme l'aiguille
aimantée, aux perturbations de l'atmosphère dans
laquelle nous sommes plongés.

I

La guerre est déclarée ! Est-ce bien vrai ? Nous pouvons à peine y croire ! Nous qui ne touchons pas du doigt les préparatifs, les armements, nous qui ne rencontrons pas à chaque pas le cortège brillant des batailles, nous dont le train ordinaire de vie n'est pas suspendu, nous ne réussissons pas à nous persuader que demain des milliers d'hommes vont s'entr'égorger et s'abandonner gaiement à toutes les fureurs de la vie sauvage ! On se demande si ce n'est pas un rêve sinistre de la nuit, qui nous poursuit encore au réveil, et si nous ne sommes pas dupes d'une hallucination !

A ce moment où la nature est si belle, où elle épanouit toutes ses énergies et ses richesses, où elle nous invite à cueillir les fruits qu'elle a mûris ; à ce moment de l'année où tout chante l'hymne d'allégresse et de reconnaissance, où l'éclat du jour et la sérénité des nuits nous convient à la joie, à la molle rêverie ; l'homme va porter une main impie sur sa mère nourricière et la couvrir de cadavres ! Ah ! nous nous indignons

parfois contre cette nature qui n'est pas toujours
clémente pour l'homme ; nous lui reprochons ses
ouragans, ses inondations, ses ardeurs de feu, ses
climats meurtriers ; elle du moins, elle est insen-
sible et muette, elle n'a point d'oreilles pour en-
tendre nos gémissements et nos cris de détresse ;
immuable dans ses révolutions, elle ne connaît
que le prix de l'espèce ; elle ne peut mesurer ou
corriger ses actes au rayon de l'idéal ; mais l'homme qui sait qu'une âme pèse plus qu'un royaume
et dont le cœur ému de compassion peut arrêter
le bras levé pour frapper, l'homme est cent fois
plus cruel, quand il organise le meurtre et le
carnage !

Voilà bien de quoi rabattre notre superbe et
mettre fin à toutes les déclamations sur la bonté
de l'homme et l'excellence de notre civilisation !
Les utopistes trop écoutés, qui offraient à l'humanité un encens idolâtre et célébraient notre terre
comme le vrai paradis, reçoivent de nos jours un
cruel démenti. Mais trêve d'oiseuses récrimina-
tions ; apprenons à nous connaître et à juger notre
état social.

Oui, notre christianisme est encore bien super-
ficiel, il n'a pas pénétré au fond des âmes, dans

ces profondeurs où se forment les caractères ; il n'est guère qu'un vernis ou une livrée ; mais grattez un peu, dessous vous retrouverez la bête féroce, le carnassier, l'homme-animal, comme dit saint Paul, l'homme-nature qui n'est pas devenu l'homme-esprit. Ne vous en laissez pas imposer par cet étalage de cérémonies pieuses, de formules religieuses, d'actes dévots. La religion est sur les lèvres et dans les proclamations ; elle n'est pas dans les âmes. C'est en vain qu'on rédige des traités de paix au nom de la très sainte Trinité, qu'on ordonne des « *Te Deum* » pour célébrer les victoires, qu'on s'appelle le royaume très chrétien ou la fille aînée de l'Eglise, le christianisme n'est pas une puissance, n'est pas une vérité dans notre vieille Europe. Reconnu comme la règle, comme la charte des relations privées, il n'a pas pénétré dans la morale sociale, il n'est pas la charte des peuples civilisés ; on le convoque au jour de la parade, mais on le relègue dans l'ombre des églises, comme un témoin importun, quand on discute les intérêts et les destins des peuples ; alors on tire un voile sur l'amour chrétien, sur la fraternité, et l'on ne conserve même pas le Dieu de Jésus, *notre Père qui est aux cieux.*

On ordonne des prières, mais ce n'est plus au
Dieu de l'Evangile qu'elles s'adressent. On ressus-
cite je ne sais quelle idole altérée de sang humain,
le *dieu des armées, des batailles*, qui n'est pas
même le Jéhovah des Juifs. Car les *armées* de
l'Eternel ce sont, dans la Bible, les étoiles, les astres,
dont la marche régulière rappelait à l'imagination des poètes hébreux les évolutions des batail-
lons.

Confessons-le donc, car il ne sert de rien de se
payer de mensonges et de méconnaître l'état des
esprits, notre christianisme, et en particulier
notre christianisme social, n'est pas efficace; nous
ne sommes pas *enracinés dans la charité*[1], dans
la fraternité, les racines de notre être plongent
dans un sol ingrat que n'a pas pénétré l'action de
Jésus. C'est la première réflexion que nous ins-
pire la proclamation de la guerre.

II

Pour calmer les terreurs de l'imagination et les
douleurs de l'âme sensible, pour nous réconcilier

1. Ephésiens, III, 18.

avec les maux de la guerre, il s'est rencontré des rhéteurs éloquents qui n'ont pas hésité à présenter l'apologie de la guerre, à réclamer pour elle une place dans l'éducation morale des peuples. D'autres, épouvantés à la vue des désastres qu'elle accumule, désespérant d'expliquer comment elle était possible humainement, par une audace qui touche au sacrilège, l'ont déclarée *divine*[1], et ont cru l'avoir ainsi légitimée.

Ne nous laissons pas surprendre par ces sophismes intéressés, et conservons toujours la noble ambition d'être fidèles aux principes, à l'idéal chrétien, malgré tous les démentis que la réalité peut leur infliger.

Si en soutenant que la guerre est nécessaire, on veut simplement affirmer que les hommes étant ce qu'ils sont, les circonstances étant données, les passions de peuple à peuple étant nourries, excitées, l'orgueil, la vengeance, la cupidité étant déchaînés, il n'est pas possible que la guerre ne finisse pas par éclater, comme la foudre sur un ciel orageux ; je le conçois. Mais prenons garde de confondre ce qui est avec ce qui doit être, et de changer l'ordre humain, l'ordre historique en

1. Joseph de Maistre.

l'ordre de la nature et de la fatalité. N'installons pas au sein de nos populations chrétiennes le fatalisme inexorable du musulman, et ne ramenons pas dans le grand drame des nations, qui sont appelées à faire leurs destins, les malédictions et la fatalité sombre des tragédies antiques !

Les passions humaines ne sont pas des conditions immuables, inéluctables, toujours identiques à elles-mêmes, comme les conditions atmosphériques qui précèdent et engendrent la pluie et l'ouragan. Les passions des hommes peuvent et doivent être assouplies, déplacées, domptées : chaque jour nous voyons les instincts grossiers et sauvages se modérer et se transformer ; et la civilisation consiste à diminuer progressivement la part de ces instincts sauvages dans les délibérations et les actes de la société. Au sens physique du mot, la guerre n'est pas plus nécessaire que tout autre fait qui relève de la liberté humaine et dont nous restons responsables. Cette théorie doit nous être suspecte parce qu'elle ménage trop notre lâcheté, et il suffit pour la condamner de sentir qu'elle favorise et consacre l'abdication de l'homme et qu'elle supprime toute différence entre la nature et l'humanité.

Après s'être aventurés sur le terrain de la métaphysique, les défenseurs de la guerre se sont rabattus sur des considérations plus accessibles à tous et tirées de l'ordre moral.

La guerre, ont-ils dit, trempe les caractères, allume les courages : comme l'acier ne reçoit son fil et sa consistance que dans la fournaise, ainsi les hommes n'acquièrent toute leur valeur, ne développent toute leur énergie qu'après avoir affronté le feu des batailles.

J'accorde, si l'on veut, qu'au point de vue moral il est des genres de vie plus funestes que la vie militaire au développement des instincts supérieurs, de la vie spirituelle ; j'accorde que la vie d'oisiveté et de plaisirs, telle que certaines positions, toujours plus rares, la permettent encore, est un scandale et un foyer de corruption ; mais s'il est utile à l'homme, pour échapper à l'action déprimante d'une vie trop facile, pour conserver la noblesse et la vigueur de l'âme, de se mesurer avec la mort, hélas ! il y a dans les devoirs, dans les travaux de la civilisation assez de postes où tous les jours, sans gloire, un homme modeste est exposé et succombe, pour ménager à ses semblables le repos et le bien-être. Pour disputer la santé ou

la vie de l'homme à l'épidémie, à l'incendie, à
l'inondation, au chevet des malades, sur le na-
vire ou dans les profondeurs de la mine, pour ex-
plorer le globe ou exploiter ses richesses, tous les
jours il y a des hommes qui affrontent la mort et
apprennent aux autres qu'il y a une joie plus
pure que la jouissance et un but plus élevé que la
conservation égoïste de l'existence !

Et quand il serait vrai que des hommes ont rap-
porté de la vie des camps des vertus devant lesquelles nous nous inclinons avec respect, la
guerre cesserait-elle d'être un fléau, que la conscience chrétienne a flétri, comme une trahison de
l'Évangile d'amour et de pardon ? Si quelque bien
est sorti de cet entassement d'horreurs et de désastres, nous sera-t-il permis d'acclamer la guerre
comme un tonique énergique, comme un régime
efficace pour relever la santé des peuples languis-
sants, énervés par les douceurs d'une paix conti-
nue ? Non, ce sophisme perfide ne sera pas auto-
risé, pas plus que la tentative de ces insensés qui
voudraient importer la peste dans leur pays, sous le
prétexte que dans ces temps d'épidémie l'homme se
surpasse, et que là où l'on avait rencontré un homme rapace, médiocre, on voit se dresser un héros !

D'ailleurs si la civilisation consiste à réprimer
les appétits de la brute, à réunir les hommes au-
dessus des visées étroites de la vie animale ; si la
religion consiste à détacher l'esprit de sa gangue
grossière, à déplier les ailes de l'ange, à soumettre les inclinations personnelles aux inspirations
de l'amour, du dévouement ; la guerre, qui ensau-
vage l'homme, qui surexcite les passions domi-
natrices, la soif de la vengeance, la haine de l'ennemi, la guerre ne peut pas être une école d'humanité, de civilisation, pas plus que l'épidémie
ne peut être un agent d'assainissement, de salu-
brité !

Saint Paul avait déjà répudié avec indignation
cette philosophie de l'histoire qui voudrait inno-
center le mal, et l'appeler même, le multiplier,
pour faire abonder la grâce, la miséricorde de
Dieu ; et nous ne pouvons pas laisser passer ces
apologies de la guerre, qui détendent le ressort
moral et préparent nos défaites en diminuant
l'horreur du mal. Ah ! ne retombons pas dans
cette ère de mensonge et de corruption, où le
prophète reprochait à ses contemporains d'appeler
le bien mal et le mal bien ; laissons à la guerre sa
sinistre auréole et son vrai nom, violation de la

loi morale, trangression de la loi chrétienne, afin
que notre conscience et notre idéal planent au-
dessus de nos actes et de nos faiblesses pour les
juger et les réformer.

III

Mes frères, ne vous prononcez pas trop légère-
ment sur ce grave sujet ; n'admettez pas trop aisé-
ment, je vous en conjure, la nécessité de la guerre.
Savez-vous bien ce que c'est que la guerre ? avez-
vous bien pesé toutes ses conséquences ? la voyez-
vous telle qu'elle est, dans son horrible réalité ?
Essayons de sortir du vague et de la sécheresse
de l'abstraction. Souvent l'homme reste froid
parce que son imagination n'a pas déroulé sous
ses yeux, en un tableau vivant, la réalité ; les
mots n'ont été pour lui que des signes notant dés
idées ; mais il reste dans la région nue de l'idée,
il ne touche pas la réalité, il ne voit pas les in-
dividus ; il n'est pas plus ému qu'un mathémati-
cien opérant sur des signes algébriques. Mais la
guerre n'est pas un problème de géométrie, et les
quantités qui sont en jeu, ce sont des hommes,

des personnes, des êtres qui aiment, qui pensent, qui sont aimés, qui portent en eux la vie et la joie d'autres êtres.

Je n'insiste pas sur les désastres matériels de la guerre ; je passe sous silence les moissons ravagées, les récoltes détruites, l'industrie arrêtée, le crédit altéré, la fortune publique appauvrie, et tout ce cortège de violences, de peurs et de désordres dont sont victimes les populations inoffensives que foulent les armées. Je ne veux arrêter votre attention que sur le côté, le plus sensible à l'homme, de ce jeu cruel des batailles.

Si vous avez admiré dans un de nos musées une de ces toiles célèbres sur lesquelles un maître a comme saisi et fixé l'horreur d'un champ de bataille, évoquez ce tableau par la pensée, et pour ajouter à votre émotion, couvrez-le de visages connus, d'amis, de parents, de fils dont la face livide ne s'éclairera plus d'un sourire à votre approche, dont la main glacée ne vous rendra plus un serrement de tendresse ; rappelez-vous alors la douleur qui vous a mordu au cœur le jour où le berceau, dans lequel gazouillait votre premier-né, est devenu muet et froid comme la tombe ; et puis essayez de comprendre le deuil

de ce père, de cette mère qui, pendant vingt ans,
ont disputé leur fils à la maladie, à la mort, qui
sur sa tête ont concentré leurs espérances et leur
amour, et qui pendant des semaines n'auront
d'autres nouvelles de ce fils que celle-ci : « il était
engagé dans la bataille de... », pour finir par être
informés officiellement que leur enfant est compté
parmi ceux qui sont morts ! Voilà la vérité sur la
guerre ; et cette scène d'intérieur, multipliez-la
par cent, par cent mille, et dites s'il est permis de
croire que la guerre est divine, qu'elle est nécessaire, qu'elle est un agent de civilisation !

Ah ! j'espère que vous ne vous désintéressez
pas de ce drame en vous écriant, après avoir promené un regard autour de vous : « Je n'ai rien à
craindre pour les miens ! » Vous ne vous rabaisserez pas à l'insensibilité de la poule qui, ses
poussins sous ses ailes, assiste d'un œil impassible au carnage des familles voisines ! Si la guerre
n'éveillait dans vos âmes que la joie farouche de
votre sécurité personnelle, honte et malédiction
sur vous : vous seriez sortis de l'humanité !

Eh bien ! tout ce carnage et tous ces flots de
sang, tous ces ravages des champs et des moissons,
toutes ces ruines de l'industrie et du commerce,

je serais prêt à les pardonner à la guerre ; ce sont
des douleurs et des maux éphémères ; un jour,
ceux qui en souffrent aujourd'hui, entreront dans
leur repos ; mais ce que je ne puis pardonner à la
guerre, ce qui fait que je la maudis, c'est qu'elle
perpétue entre les peuples la haine et la division ;
elle n'agit pas seulement sur l'heure présente, à
la façon d'un ouragan ; elle n'est pas seulement
la faucheuse impitoyable qui couche à terre les
épis et les hommes ; elle ensemence la terre de
vengeance, et elle recule pour des siècles la paix
et l'harmonie des cœurs. Elle consacre des jours,
des lieux, des anniversaires, des monuments, qui
seront entre les nations des bornes néfastes,
contre lesquelles viendront se briser tous les rêves
d'alliance et de fraternité : elle creuse entre les
empires un fossé infranchissable, car elle le rem-
plit de têtes d'hommes et de sang ; et quand les
générations qui se sont entre-heurtées auront
disparu, les neveux, nés sous un ciel plus serein,
cédant à l'attraction de la civilisation, rapprochés
par les échanges du commerce, séduits par le
charme des lettres, voudront se tendre les mains,
s'unir ; mais, arrivés sur le bord de ce fossé, ils
reculeront d'horreur à la vue de tous ces fantômes

livides qui se dresseront devant eux, et ils s'écrie-
ront : « Non, je n'irai pas plus loin, car là-bas
c'est l'ennemi, ils ont tué mon père ; mort et
vengeance ! » Qui peut dire ce qu'entretiennent
dans l'Europe, d'animosités, de jalousies, de préjugés et de désirs sauvages deux ou trois noms
éclatants, qui sont renvoyés d'une frontière à
l'autre, comme l'écho d'une canonnade obstinée ?
Oui, voilà pourquoi je hais la guerre : elle ne
clôt jamais l'ère des haines et des revanches ;
elle transmet de génération en génération un vé-
nin impur !

IV

Toutes ces réflexions ne sont-elles pas oiseuses
et trop tardives ? Le sort en est jeté ; l'appel aux
armes a retenti ; nous ne sommes plus appelés au
conseil, à la délibération ! Il est vrai, le pays est
engagé, et notre devoir est de suivre le drapeau ;
mais nous ne sommes pas dispensés du soin de
veiller sur nous-mêmes et de lutter contre les en-
traînements de nos passions, facilement surexci-
tées dans cette atmosphère troublée. Ce n'est pas

seulement à la frontière qu'il faut croiser la baïonnette et repousser l'étranger ; soldats de Christ,
nous devons aussi monter la garde au seuil de
notre cœur, et crier à la haine prête à nous envahir : « On ne passe pas. »

S'il est vrai que le chrétien se reconnaît à
l'amour, au pardon, à la mansuétude, nous ne pouvons pas nous cacher que la guerre n'est pas une
école de christianisme et que nous devons posséder notre âme, pour ne pas être emportés, par la
turbulence de nos sens et l'ardeur de notre sang,
jusqu'à ces cris de représailles barbares que
poussait l'exilé juif sur les rives de l'Euphrate[1].

Oui, prenons garde d'avoir le sort de ce chrétien
des premiers siècles qui, contraint d'assister aux
combats du Cirque, s'était promis d'y assister les
yeux fermés[2]. Un grand cri l'a surpris, il ne peut
s'empêcher de jeter un regard sur l'arène ; ce
regard est suivi d'un autre ; refermer les yeux lui
devient impossible. L'atmosphère sanglante qu'il
respire l'étourdit à son tour, et envahi bientôt

1. Ps. 137.
2. Ce développement est emprunté à une admirable lettre qu'adressait en 1866, au *Courrier du Dimanche*, l'illustre et infortuné
Prévost-Paradol.

par les fumées de cette brutale ivresse, il descend
au niveau de la multitude avide de meurtres, qu'il
méprisait naguère. Et nous, qui nous vantons de
la douceur de nos mœurs et de la délicatesse de
nos sentiments, prenons garde qu'au premier
sang répandu nous ne subissions l'attraction du
carnage ; et qu'à la première victoire, éblouis,
enivrés, nous ne laissions se dissiper tous les
principes de civilisation et de christianisme pour
laisser parler les parties bestiales de notre nature ! !

Du théâtre troublé de ce monde où s'agitent
tant de passions violentes, rentrons dans le sanctuaire de notre âme, replions-nous dans notre
conscience chrétienne, réfugions-nous aux pieds
de ce Jésus que nous appelons notre maître, notre
guide, et ne pensons pas qu'il faille surprendre,
interrompre nos relations avec lui, et remettre à
plus tard l'imitation de sa vie, sous prétexte que
les circonstances extérieures ont changé. Ne laissons pas la parole au canon ; relisons la parabole
du bon Samaritain et maintenons avec énergie,
au-dessus des antagonismes et des luttes de peuples, la communauté d'origine et de vocation. Ne
permettons pas au dépit, à la jalousie, d'inspirer

nos jugements ; sachons au plus fort de la guerre
saluer dans l'ennemi l'homme, le fils de Dieu.
Que jamais le mépris de l'étranger ne vienne
étouffer cette générosité native et ce cœur sym-
pathique, qui firent la France si grande et si
aimée. Persuadons-nous bien que la grandeur de
notre patrie et le souci de sa dignité ne nous
obligent pas à jeter un regard jaloux sur nos
voisins et à projeter leur abaissement. Appliquons
aux rapports des peuples cette loi de l'économie
politique, qui réconcilie entre elles les différentes
classes de la société, en leur montrant que tous les
intérêts sont solidaires et que personne ne gagne
à l'appauvrissement du prochain. Professons haute-
tement et malgré toutes les protestations d'un
patriotisme étroit et mesquin cette vérité salu-
taire, qui porte au front le rayon de l'Évangile,
que tous les peuples sont frères ; et saluons avec
joie tous les progrès des peuples, car tous contri-
buent à accroître le patrimoine commun. Si le
patriotisme était inconciliable avec l'amour de
l'humanité, avec le patriotisme de la civilisation,
périsse le patriotisme, car il serait un obstacle au
Royaume de Dieu ! Oui, aimons la patrie et défen-
dons-la au prix de notre sang, car elle nous a

nourris et élevés ; mais n'en faisons jamais une
idole. Elle est une admirable école de dévouement,
un moyen de culture morale, elle n'est pas le
but, et le mot de Fénelon doit rester notre devise
et notre drapeau, à nous chrétiens :

*J'aime mieux ma famille que moi, mon pays
plus que ma famille, le genre humain plus que mon
pays !*

V

Jamais plus pressant appel à la charité ne nous
fut adressé ! jamais le conseil de l'apôtre : « *Élar-
gissez vos cœurs,* » ne fut plus opportun ! Demain,
notre christianisme sera mis à l'épreuve, et les
cris des mourants, des affligés, nous répèteront
avec un accent saisissant l'exhortation de saint
Paul : « *Pleurez avec ceux qui pleurent.* » Ah !
mes bien-aimés Frères, secouons notre torpeur et
notre égoïsme, arrachons-nous à nos préoccupations personnelles ; sortons de notre cercle étroit,
élevons-nous à la hauteur des circonstances et
préparons-nous à pratiquer la charité qui console,
qui se dévoue ! Armons-nous, dirai-je, de ten-

dresse et de pitié, afin de pouvoir nous unir par
la compassion à tant de douleurs, de misères
sans nom, que l'on ne saurait guérir. Demain, il
y aura des Rachel qui ne voudront pas être con-
solées parce que leurs fils ne seront plus : que du
moins nous sachions pleurer et prier avec elles,
et réchauffer ces pauvres cœurs déchirés des
chaudes étreintes d'une sympathie sincère. Ce
sera l'heure de prouver si nous sommes des
hommes, des chrétiens, si vraiment nous savons
aimer.

C'est une inspiration patriotique et chrétienne
qui, à la première heure, a organisé ces souscrip-
tions, ce comité de secours pour les blessés, pour
les malades, pour les familles privées de leur
chef ou d'un membre utile. Favorisons ce mouvement et développons-le. A ce foyer, que la mort
demain assombrira pour toujours, la pauvreté
est entrée par la porte d'où sortait cet ouvrier
vaillant et probe qui, de son travail, soutenait
l'aïeule et les petits frères. Empressons-nous au-
près de tous ces malheurs immérités ; conjurons
les catastrophes et n'attendons pas que des familles
soient tombées de lassitude dans cette misère, où
l'on oublie la dignité de soi-même, et où l'on

2.

s'habitue à tendre la main. Femmes, mères chrétiennes, c'est à vous de constituer la grande armée
de la charité, de l'organiser et de faire front à la
misère qui menace aussi de nous envahir. Multi-
plions les associations ; ne nous reposons pas sur
les secours officiels; sentons notre responsabilité ;
écoutons notre cœur et développons ces forces de
l'initiative privée dont les richesses sont incalcu-
lables ! L'heure a sonné où un verre d'eau fraîche
a son prix pour calmer la fièvre d'un pauvre
blessé ! Ah ! ne prêtons pas seulement l'oreille au
clairon qui sonne l'attaque et proclame la victoire. Femmes chrétiennes, soyez attentives au
moindre frémissement et levez-vous pour soula-
ger, pour panser, pour bénir ! C'est l'heure où
notre Maître rallie tous ses soldats, les enfants de
la charité, soyons tous prêts à marcher sous son
drapeau !

VI

Le cœur apaisé par l'exercice de la charité, nous
serons plus forts, plus ingénieux, pour faire la
lumière dans nos esprits et chasser ces doutes

amers, ce scepticisme désolé, dont nous nous sentons gagnés, depuis l'heure funeste où la guerre a éclaté.

Au spectacle effrayant de deux nations, les premières dans l'œuvre commune de la civilisation et appelées à des luttes plus fécondes, prêtes à se ruer l'une contre l'autre, le cœur se serre, l'esprit se trouble ; et l'on se demande avec inquiétude si le monde progresse ou s'il recule, si la foi au progrès, à la paix universelle n'est pas une chimère et un mensonge. Notre pauvre humanité a tant de peine à croire ce qu'elle ne voit pas, à affirmer ce qui doit être, qu'à la première défaite du principe chrétien, elle est toujours tentée d'accuser le ciel d'être vide et de se mettre du côté de ces railleurs, qui soutiennent qu'il n'y a de vrai que la jouissance, et de solide que la force. Chrétiens, parce que notre drapeau est attaqué, déchiré, est-ce un motif pour l'abandonner ? n'est-ce pas notre devoir de nous serrer autour de lui et de l'élever au-dessus de toutes les contradictions ?

Il est facile de croire au progrès, de le proclamer comme la loi providentielle, quand les choses humaines se déroulent tranquillement, sans choc ni heurt violent, et suivent une marche

ascendante; il est facile et doux de s'abandonner
au fil de l'eau, de se laisser porter par le courant;
mais quand le reflux arrive, quand la tempête
soulève les vagues irritées et menaçantes, quand
l'horizon est bas, couvert de sombres nuées,
comme si la nuit, une nuit sans aurore s'abaissait
sur le monde, il faut un effort vaillant pour *es-
pérer contre toute espérance,* pour affirmer l'idéal
à l'encontre de cette marée montante de folies et
de crimes. C'est au chrétien qu'il est réservé de
dresser la tête, comme un roc immuable au-dessus de tous les flots et de témoigner par sa sérénité qu'il voit *Satan tomber du ciel comme un
éclair,* et qu'à travers les ténèbres il salue l'aube
du Règne de Dieu !

D'ailleurs sommes-nous bien autorisés à nous
étonner, à nous plaindre de cet échec, de cette
ruine de nos espérances ? Y a-t-il assez longtemps
que la semence est jetée en terre pour que nous
ayons le droit d'enfermer la moisson ou de nous
irriter qu'elle ne soit pas encore levée ? C'est hier
à peine que nous avons entendu proclamer la
supériorité de l'industrie sur l'esprit militaire, le
respect des nationalités et le droit de tous les peuples à prendre part à l'œuvre commune de la civi-

lisation. Y a-t-il longtemps qu'on a condamné les idées de monarchie universelle, de peuple-roi, qu'on a substitué au principe malfaisant des rivalités de nations l'émulation et le concours réciproque à la richesse, à l'ennoblissement de l'humanité ; qu'on a entrevu l'idée, qu'on a prononcé le nom des *États-Unis de l'Europe ?* Y a-t-il longtemps qu'on cesse de proposer aux enfants le guerrier, le conquérant comme le type de l'homme fort, et de célébrer la gloire des armes comme la plus digne d'envie ?

Non, l'application du principe chrétien, de la paix proclamée par les anges de Bethléem, aux questions internationales est encore une nouveauté. Cette vérité n'a pas encore été servie par des apôtres assez nombreux ; elle est restée un jeu d'esprit, une noble déclamation, elle ne s'est pas emparée de l'opinion publique, elle n'a pas purifié le patriotisme de ses préjugés et de ses défiances, elle n'a pas forcé les hommes qui font de la politique pratique à compter avec elle ; ceux qui l'aiment, qui lui sont dévoués, doivent redoubler d'effort pour organiser une propagande plus efficace, pour résoudre les difficultés et les objections des adversaires ; ce n'est pas une bataille gagnée ; on avait pu le croire, aux applaudissements qui l'avaient accueillie ; mais elle n'était pas entrée dans les conseils des nations. Toutefois, il n'est pas permis de désespérer, car la germination des idées est lente, et les erreurs ne s'évanouissent pas, comme les nuées, au premier coup de tonnerre.

Du reste, les progrès accomplis, qu'il ne faut pas méconnaître, sont une promesse et un encouragement. Comparez la guerre antique, la guerre à l'état permanent, la guerre impitoyable comme celle de Chanaan, qui détruisait tout, villes, hommes et bestiaux, à la façon de l'interdit, qui réduisait le vaincu à l'esclavage, en faisait la propriété du vainqueur, qui massacrait les prisonniers ; même la guerre du dernier siècle où tant de villes étaient livrées au pillage, où les femmes et les enfants n'étaient pas toujours épargnés, avec la guerre de ces dernières années, guerre courtoise et humaine, où la fureur des combattants fait place, après la bataille, à un échange de politesses et de prévenances, où les prisonniers sont bien traités, où les blessés sont soignés avec dévouement dans les différentes ambulances ; et vous constaterez avec un vrai

soulagement que la bête humaine a cependant
été muselée, et que si encore elle est trop souvent déchaînée, la conscience publique en a honte
et qu'on essaye de diminuer les horreurs de la
guerre, en attendant qu'on la proscrive, qu'on la
mette au ban des nations, comme l'homicide organisé. Ne nous laissons pas égarer par la sur-
prise et la douleur que nous cause cette appari-
tion inattendue de la guerre : malgré l'écho répété
de toutes les fanfares, en dépit de toutes les cou-
ronnes et de tous les chants de triomphe, elle
porte au front le signe de la malédiction, chaque
jour elle perd du terrain, et sous les rayons de
l'Évangile de paix et d'amour, elle descend à l'horizon pour disparaître et s'effacer dans les ténèbres de l'âge de fer !

VII

Il y a dans l'histoire un petit peuple, souvent
conquis, foulé aux pieds des nations, transporté
en exil, décimé, écrasé, et dont la littérature est
le plus bel enseignement de constance et de foi
dans les revers, que l'humanité ait jamais entendu !

Dans l'humiliation de la défaite, les fers aux mains, loin de la patrie, Israël n'a jamais désespéré ; du présent troublé, il en a appelé avec une persévérance héroïque à un avenir glorieux ; et ses prophètes, ses poètes ont toujours ranimé son courage, en lui peignant sous les couleurs les plus éclatantes une ère de grandeur, de justice et de paix. C'est en vain que les vainqueurs l'ont raillé et souffleté ; peuple idéaliste, il n'a jamais sacrifié son espérance à la réalité mauvaise ; et pour calmer les ennuis du captif, les ressentiments du vaincu, il a contemplé dans le lointain cet *âge messianique,* où chacun *vivrait tranquillement sous sa vigne et son figuier, et où les épées seraient forgées en hoyaux.* Utopie, chimère, attente toujours déçue ! mais du moins ils ont sauvé leur âme du marasme et de la honte du scepticisme : ils ont pu se relever de tous leurs désastres pour courir au-devant de l'avenir et le préparer.

Ils se sont trompés sur l'heure, sur la forme du royaume messianique ; mais ils ont eu l'honneur de promettre à l'humanité un royaume, un ordre de choses dont la beauté a dépassé tous les tableaux qu'avait tracés l'imagination orientale.

Laissons-nous transporter par cet exemple ; rejetons de notre sein cette philosophie désolée qui, sous prétexte de tout expliquer, de rendre compte de tout, justifie tout, légitime tout ce qui est. Non, j'en atteste la conscience humaine qui ne peut mourir, sur le théâtre de l'histoire ce qui est n'est pas ce qui doit être, ce qui doit durer ; tout au contraire, c'est ce qui doit cesser d'être, ce qui doit se transformer, pour laisser apparaître dans sa divine beauté un ordre supérieur, un progrès vers l'idéal !

Dans cet élan vers l'avenir, dans cette foi invincible au progrès, ce qui soutint Israël à travers toutes les péripéties de sa lamentable histoire, c'est l'idée grandissante qu'Israël n'est pas le peuple unique de Jéhovah, que la sollicitude et la protection de l'Éternel s'étendent sur ces nations mêmes que l'orgueil juif avait longtemps vouées à la malédiction implacable du Tout-Puissant. Le même souffle qui porte le prophète au-dessus des ténèbres et du chaos du présent, balaye les derniers restes du particularisme aveugle ; et la même foi qui n'accepte pas comme définitive la défaite du juste, du bien, embrasse tous les peuples dans une étreinte de fraternité.

Les paroles de mon texte à ce point de vue sont admirables d'intuition et de justesse.

Le paganisme a favorisé la permanence de la guerre en dispersant sur diverses divinités l'adoration et le culte des hommes ; les jalousies et les haines nationales ont été fomentées par les jalousies et les disputes des dieux, par leurs compétitions au gouvernement suprême. A mesure que le polythéisme s'est dissipé sous le regard indiscret de la science, des études critiques et philologiques, l'antagonisme des races et des peuples s'est refroidi, et la victoire du monothéisme assure la reconnaissance de l'unité des hommes et des peuples au milieu de la diversité des costumes et des langues. Le christianisme n'a fait qu'accélérer ce mouvement d'unité et de pacification en débarrassant la religion de toutes ses étroitesses, en plaçant le sanctuaire, où Dieu se révèle, dans le cœur pur. Plus l'homme pratiquera le christianisme, plus il lui conservera son caractère spirituel et moral, plus ce christianisme sincère rapprochera les hommes, plus il rendra la guerre impossible. Quand on a adoré en esprit et en vérité le même Dieu, quand on a répété la même prière, « *Notre Père qui es aux cieux...* »

quand on a entouré le même Maître et reçu de
lui ce signe de ralliement, ce mot d'ordre su-
blime, *c'est à ceci que l'on connaîtra que vous
êtes mes disciples, si vous avez de l'amour les uns
pour les autres ;* quand on s'est persuadé que la
religion consiste à ressembler à Dieu, au Dieu de
miséricorde, il n'est pas possible qu'on s'élance
hors des temples pour déchaîner la guerre et ses
fureurs, pour tuer son frère, le fils de Dieu !

Soyons attentifs à conserver au christianisme
sa pureté, son caractère spiritualiste et universel ;
ne permettons pas que pour le rapprocher de
l'homme on le rabaisse à sa mesure ; ne lui laissons pas couper ses divines ailes qui nous trans-
portent au delà des étroites frontières des empires ;
ne renouvelons pas le paganisme qui divise les
hommes, ne nous fabriquons pas de nouvelles
idoles, un Dieu national, pour servir notre va-
nité et satisfaire notre ambition. Prions, adorons
pour devenir meilleurs, pour nous perfectionner,
pour ressembler à Dieu, pour arrêter sur nos lèvres
et dans nos cœurs les mouvements de la haine et
de la vengeance ! Prions pour nous persuader que
tous les hommes sont nos frères, puisque tous re-
disent avec nous : « *Notre Père qui es aux cieux !* »

Et si notre culte est sérieux, il fera passer dans nos âmes la volonté et la force de Dieu, et nous pourrons refaire le rêve d'Isaïe ; nous ne cesserons d'attendre, de souhaiter l'ère de paix où *les épées seront forgées en socs de charrue, où une nation ne tirera plus l'épée contre une autre nation, où l'on n'apprendra plus la guerre !*

Nous proclamerons que la paix est le but constant des efforts de l'homme, la condition durable des sociétés humaines. Malgré les triomphes de la force, nous affirmerons que les établissements fondés sur la violence ne durent pas, qu'ils s'effondrent un jour avec un bruit de tempête ; nous soutiendrons que la force ne prime pas le droit, et que la libre persuasion, le consentement volontaire, sont les seules colonnes des édifices solides. Patients comme Dieu, qui a l'éternité pour réaliser ses desseins, nous nous plairons à répéter avec le grand naïf de Nazareth, comme pour nous venger des insultes et des revers du présent : « *Heureux ceux qui sont doux, parce qu'ils possèderont la terre !* »

Original en couleur
NF Z 43-120-8